AF359282

EXPOSITION DE TABLEAUX MODERNES,

A LA GALERIE LEBRUN,

RUE DU GROS-CHENET, N°. 4.

Catalogue.

PRIX : 5o CENTIMES.

PARIS.

DANS LADITE GALERIE,

Et chez Binant,

Marchand de Papiers et de Couleurs fines,

Rue de Cléry, N°. 7.

1827.

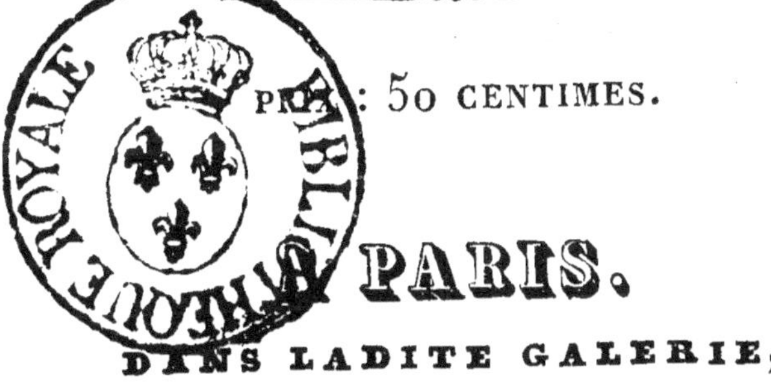

IMPRIMERIE DE A. CONIAM,
Faubourg Montmartre, n. 4.

AVIS.

En concevant et en mettant à exécution l'idée d'exposer particulièrement les tableaux qui n'ont pu, cette année, être admis dans les salons du Louvre, notre but principal a été d'être utiles aux artistes, en leur procurant les moyens de placer leurs ouvrages, et de connaître au moins le jugement impartial du public, auquel ils sont offerts ; et si notre intérêt y est entré pour quelque chose, il s'est borné d'avance à la simple rentrée de nos frais, à la bienveillance des amateurs, et à l'estime de nos compatriotes.

Nous ferons plus encore ; car, cédant aux sollicitations de plusieurs artistes, nous nous proposons d'agréer prochainement tous les ouvrages non présentés au Musée, et d'en composer une nouvelle exposition dans le courant de janvier 1828.

Il serait superflu de faire ressortir ici tous les avantages réels que MM. les peintres pourront obtenir de cette galerie permanente, qui les mettra à même de faire connaître et leurs talens et leurs ouvrages, aux amateurs susceptibles de les apprécier et d'en faire l'acquisition.

A cet effet, nous prions MM. les artistes de prendre note de cet avis, et de joindre aux ouvrages qu'ils nous enverront, les notices détaillées de leurs sujets, pour les insérer au catalogue supplémentaire qui sera rédigé par la suite.

GALERIE LEBRUN.

AUTRIQUE (Edouard), peintre de S. A. R. le duc de Glocester,

rue des Paillassons, n. 5, Vaugirard.

1. — La Vierge tenant l'enfant Jésus.

2. — Vision de la Madeleine.

3. — Diéus, général achéen, après avoir perdu la bataille de Leucopétra, sur l'ithsme de Corinthe, contre les Romains, se retire à toute bride à Mégalopolis, sa patrie; là, ayant poignardé sa femme, bu le poison, il met le feu à sa maison pour ne pas tomber entre les mains des ennemis.

4. — Tête d'Odalisque.

AUTRIQUE (Jean-Baptiste).

.5 — Dessin représentant la résurrection du Sauveur.

M. BACCUET,

rue Saint-Georges, n. 28.

6. — Vue du Lac majeur, prise à Bellinzona (canton du Tessin).

M. BARROIS,

rue Saint-Sauveur, n. 17.

7. — Halte de Tartares autour d'un foyer.

M. BEHAEGHEL,

rue Saint-Jacques, n. 161.

8. — Intérieur de l'église de Luz, dans les Hautes-Pyrennées.

M. BONNEFOY (Adolphe),

rue Saint-Claude-Cléry, n. 6.

9. — Paysage composé, représentant des cascades, torrens et montagnes, et qui rappelle les sites des Alpes, de la Suisse et de la Savoie.

M. BOSQ,

rue Saint-Jacques, n. 174.

10. — Episode de la Henriade de Voltaire.

11. — Sujet tiré de Parny.

M. BREMOND,

rue du Four Saint-Germain, n. 11.

12. — Un Christ.

M. DE BREUVERY,

place Dauphine, n. 10.

13. — Un lever du soleil sur une campagne riante.

M. BUGNON,

rue Guisarde , n . 14.

14. — Portraits en pied, des enfans de madame P ★ ★ ★

M . . J . P . CACHEUX , d'Epinay,

rue du Temple , n . 125.

15. — Vue du couvent de saint François , dit la Fontana , près Milan.

M. CAPDEBOS ,

place de la Madeleine , n . 6.

16. — Portrait de monseigneur l'évêque, D. P. B★★★.

17. — Intérieur d'une cuisine au retour du marché.

Madame CARRE (Zoé Coste),

quai Conti , n . 19.

18. — Jvanhoé et Rebecca , prisonnières au château de Frond-de-Bœuf.

(Walter-Scott.)

19. — L'étoile du matin.

20. — Julie et Saint-Preux , aux rochers de Meilleraie.

(Nouvelle Héloïse.)

M. J. CELESTIN ,

*rue de Richelieu , **n.** 27.*

21. — Un cadre de miniatures.

M. CHAPONNIER.

Rue Saint-Honoré , n. 198.

22. — Un Christ. (*Aquarelle sur peau de velin.*)

23. — Un trompe-l'œil. (*Aquarelle.*)

24. — Un clair de lune.

Deux voleurs de grand chemin enterrent un homme qu'ils ont assassiné et mis dans un sac.
(*Esquisse à l'aquarelle.*)

M. CHEVALIER.

Rue Bourbon-le-Château , n. 6.

25. — Vue du moulin de Royat en Auvergne.

26. — Vue du château de Murol, près du Mont-d'Or, appartenant à M. le comte de Chabrol-Tournolles.

M. COLLET (Fortuné.)

*Boulevart Saint-Martin , **n.** 15.*

27. — Un cadre de miniatures.

28. — Portrait de M. M .... membre de l'athénée des arts.

(9)

M. COLLET (J.-C.)ˌ

Rue des Filles-du-Calvaire , n. 4.

29. — Paysage historique , offrant le sujet
de Leo et Camille , épisode de Numa Pompi-
lius , par Florian.

M. COPINET ,

Rue de Seine , n. 12.

30. — L'assomption de la Vierge.

31. — Une Italienne.

M. CURTY ,

Rue des Quatre-Vents, n. 6, faubourg St. Germain.

32. — Le prisonnier de Chillon.

« Un souterrain est creusé dans le château de
» Chillon. Sept piliers de forme gothique en sou-
» tiennent les voûtes obscures. A travers une
» crevasse des murs, un rayon qui semble s'être
» égaré dans sa route, répand une triste lumière
» sur des colonnes grisâtres et tombe sur le pavé
» comme ces météores que l'on voit voltiger sur l'eau
» des marécages. Un anneau fixé dans chaque pi-
» lier suspend une chaîne d'un fer rongeur...

» Les bourreaux nous enchaînèrent aux piliers;
» nous étions trois dans la même prison et pour-
» tant chacun de nous était seul. Nos chaînes
» étaient trop courtes pour nous permettre de

» faire un seul pas ; nous pouvions nous voir ;
» mais la lumière douteuse de notre cachot don-
» nait à notre physionomie un aspect sinistre et
» méconnaissable.

» Nos geoliers ouvrirent les chaînes qui rete-
» naient encore le cadavre de mon frère, et creu-
» sèrent pour lui un tombeau dans le sol humide
» de notre cachot. »

(Lord Byron.)

M. DECOURCELLES.

Rue du Faubourg-Saint-Denis , *n.* 14.

33. Un cadre de miniatures.

M. DEPIERRE,

à Lyon.

34. — Le faucon , sujet tiré des contes de
Lafontaine.

Hélas! reprit l'amant infortuné,
L'oiseau n'est plus, vous en avez dîné.

M. DESPOIS,

rue du Colombier , *n.* 13.

35. — Vue générale de Corté , ancienne ca-
pitale de l'île de Corse , prise sur la route de
Bastia à Ajaccio.

36. — Portrait de M. B...

Mlle DEVARENNE,

rue de Corneille, n. 5.

37. — Mercure entraînant Eurydice aux enfers.

(*Aquarelle d'après le tableau de M. Drolling.*)

M. DEVILLIERS (HYACINTHE),

quai Saint-Michel, n. 9.

38. — Phaon parait oublier sa jalousie , en laissant tomber à terre l'ode qu'il avait surprise en entrant dans les mains de Sapho. —

> Ah! si vous brûlez de mes feux ,
> Si vous partagez mon ivresse,
> Venez mon jeune ami, je vais combler vos vœux.
> Des roses du plaisir couronnons la jeunesse,
> C'est l'instant du bonheur. Un vieillard amoureux ,
> Favori d'Apollon , m'appelle à d'autres nœuds.

39. — Un portrait d'homme.

M. DEVOUGE ,

rue du Colombier, n. 21.

40. — La défense de Missolonghi.

Les Grecs fatigués de la veille se sont réfugiés à Missolonghi. La nuit se passa dans les alarmes. A trois heures du matin la porte de l'église s'ouvre ;

l'évêque Joseph paraît à l'autel, et après la messe distribue le pain sacré. A l'instant même le canon de l'ennemi se fait entendre ; des bombes causent déjà le désordre et l'effroi. Les Grecs inspirés par la divinité se dévouent à la défense de leur patrie. Des femmes se livrent à ce délire et marchent au combat, parées de la bannière sainte, et entourées de l'élite des braves de la nation, tels que Botzaris, Canaris, le jeune Blacaris et autres.

41. L'amour et Psyché, ou l'âme et le sens.

42. — Portrait de M. Paumier, donnant une leçon à une jeune sourde-muette.

M. A. DREUILLE,

rue Montorgueil, *n.* 108.

43. — Vue intérieure de l'église royale de Saint-Denis.

M. DUSAULCHOIX (Charles),

rue des Moulins, n. 11.

44. — Henri IV au combat de Fontaine-Française.

Le combat eût lieu dans le mois de juin 1595. Le Roi ayant passé la Vigenne, près de Fontaine-Française, attendait là des nouvelles de la position de l'ennemi qu'il avait envoyé reconnaître par le maréchal de Biron et le marquis de Mire-

beau. Bientôt ils reviennent en désordre pour-
suivis par des forces très-supérieures. A cette vue,
le roi, sans prendre le temps de mettre son casque,
monte à cheval, et, accompagné seulement des gen-
tilshommes de sa suite à peu près désarmés, il
arrête les fuyards, les ramène au combat et rem-
porte une victoire complète par sa présence d'es-
prit et son courage. Avec trois cents chevaux, il
en battit douze cents; il y courut les plus grands
dangers. Le marquis de Mainville lui sauva la vie
en brûlant la cervelle d'un cavalier ennemi prêt à
percer Henri de sa lance.

45. — Adam et Ève après avoir été chassés
du paradis terrestre.

Ève accablée de douleur et succombant à la
fatigue, se laisse tomber près d'Adam. Un affreux
sifflement l'avertit de la présence de celui qui l'a
trompée et semble la braver en écrasant à ses
pieds le symbole de l'innocence.

.46 — Louis XVI et sa famille priant pour
la France.

47. — Intérieur de la classe de M. Morin,
instituteur pendant une visite de Mgr. le duc
d'Orléans et de sa famille.

48. — Le départ.

49. — Le retour.

5o. — L'exilé et sa fille, au milieu des rochers de la Suisse.

5i. — Les joueurs.

(Deux tableaux sous ce N°. et faisant pendant.)

M. DUTAC (d'Epinal),

rue N.-D.-des-Victoires, hôtel des Ambassadeurs.

52. — Un effet de givre.

53. — Un site des Vosges.

Mme ÉLIE ,

rue de Savoie, n. 6.

54. — Portrait de Mme la baronne de ★★★.

M FINART.

rue de Cléry , n. 69.

55. — Un vieux Baskir.

56. — Jeunes filles dérobant des lilas.

57. — Paysage, avec figures d'animaux.

M. FIOCCHI (Alexandre),

rue de Joubert , n. 16.

58. — Portrait de Mme Paradol, artiste so-

ciétaire du Théâtre-Français, dans le rôle d'Elisabeth.

M. FLERS (Camille),

rue des Amandiers-Popincourt, n. 9.

59 — Vue d'un moulin à vent à Annet-en-Brie.

M. A. FONTANELLE D'ESPINASSE,

rue N.-D.-des-Champs, n. 2.

60. — Une scène du déluge.

M. FRANCIS,

rue Gaillon, n. 23.

61. — Une course anglaise.

(Ce tableau appartient à la Société des amis des arts.

62 — Un Portrait d'homme.

63. — Etudes de chiens.

(Deux tableaux faisant pendant.)

64. Portrait de la jument de course du capitane Chrisly.

M. F..... T★★★.

Ugolin et ses fils.

65. — Ugolin, noble pisan de la faction

des Guelfes, condamné à mourir de faim avec ses trois enfans. Le moment représenté est celui du cinquième jour, où l'infortuné entend murer la porte de sa prison.

66. Une tête de Diane.

M. GÉRÉ,

rue Saint Roch, n. 10.

67. — La fidélité mal récompensée.

(Morale en Action.)

68. — Vue du hameau de Maillot, près de la ville de Sens.

M. GOURDET,

rue Neuve-Saint-Martin, n. 34 bis.

69. — Une femme coulant la lessive.

70. — La Dévideuse.

71. — Le coucher.

M. GUERARD,

rue Bourtibourg, n. 21.

72. — Vue des ruines de l'abbaye de Chasly.

73. — Intérieur d'une ferme.

74. Vue prise sur la route des Gardes, à Chaville, près Paris.

75. Vue prise aux environs de Grenoble.

M. HALBOU,

rue Childebert, n. 1.

76. — Etude d'après nature, de la brasserie de la Ferté-sous-Jouarre.

M. HENRARD,

rue du Faubourg-Poissonnière, n. 102.

77. — Vue prise aux environs de Liége.

78. — Etude prise d'après nature sur l'Ourthe près de Liége.

79. — Vue d'Italie au soleil couchant.

80. — Un paysage.

81 — Un moulin à eau.

Mademoiselle HUNZIKER (J.),

rue de Clichy, n. 72.

82. — Portrait en pied, d'un enfant.

83. — Deux portraits en bustes sous le même numéro.

M. HUSSARD,

rue Sainte-Hyacinthe-Sorbonne, n. 15.

84. — Etude d'après nature, d'un chat sur un tabouret.

85. — Portrait de M. P★★★. (Dessin.)

M. A. JOLY DELAVAUBIGNON,

boulevart Saint-Martin, n. 4.

86. — Vue prise dans les Pyrénées.

87. — Fuite de Charles II, roi d'Angleterre, poursuivi par Cromwel.

Mademoiselle JORRY (E.-Sophie),

rue de l'Est- d'Enfer, n. 1.

88. — Un bouquet de roses, dessinées au crayon sans estompe.

M. LAFONTINELLE.

89. — Un paysage.

Mademoiselle LAJOYE (Honorine),

rue du Petit-Lion, n. 26.

90. — Une vue d'Italie.

Mademoiselle LAUZIER (Adèle),

rue des Beaux-Arts, n. 5.

91. — Portrait de M. F....

M. LEBERT,

rue des Vinaigriers, n. 25.

92. — Un bouquet de fleurs à l'aquarelle.

93. — Le pendant du précédent.

Mlle LEBRUN (Eugénie),

rue Dauphine, n. 33.

94. — Elisabeth, reléguée au chateau d'Ashriedge par ordre de la reine Marie, y reçoit un léger secours de Robert Dudley, depuis comte de Leycester, qui l'avait aimée dans son enfance. Elle dit à la personne qui le lui apporte : *Voilà ce qui s'appelle un véritable et fidèle ami.*

95. — Du même auteur.

Pour trouver le parfait bonheur,
Cherchez-le près de votre mère.

Là , le cœur devine le cœur ;
Les larmes répondent aux larmes,

La tendresse a plus de douceur
Et les dangers sont sans alarmes.
Le temps ne saurait altérer
Cette volupté pure et chère,
Pour sentir, aimer et pleurer,
Volons dans le sein d'une mère.

96. — Portrait de madame la vicomtesse D... de V.....

M. L'ECURIEUX,

rue des Saints-Pères, *n.* 65.

97. — Sujet tiré de Lazarille de Tormes.

M. LEFÈVRE

rue Dorillon, *n.* 22.

98. — Plusieurs portraits en miniature.

M. LEGROS,

rue d'Enghien, *n.* 35.

99. — Un cadre de portraits à l'aquarelle et en miniature, parmi lesquels se trouve celui de M. le duc de C., pair de France.

M. LEPRINCE (CHARLES-DE-CRESPY),

rue de Vaugirard, *n.* 36.

100. — La dernière scène du mariage de Raison.

M. LESAGE ,

rue Thévenot, n. 21.

101. — Le supplice des Danaïdes.

Les Danaïdes ou Bélides, étaient cinquante sœurs, filles de Danaüs. Leur père, pour fuir les poursuites de son frère Ægyptus, se retira à Argos. Les cinquante fils d'Ægyptus y abordèrent aussi, et lui demandèrent ses filles en mariage ; il promit de leur accorder ce qu'ils demandaient, mais ordonna en même temps à ses filles, d'égorger leurs maris la première nuit de leurs noces.

Pour expier leur forfait, ces criminelles épouses furent condamnées par Jupiter à être précipitées dans les enfers où elles devaient employer l'éternité à remplir un tonneau sans fond.

102. — Le bain de Daphnis et Chloé.

M. LORITZ.

103. — Un cadre de miniatures.

MALBRANCHE ,

rue de Crussol, n. 3.

104. — Une route des environs de Paris, effet d'automne.

105. — Vue d'une grève, à trois lieues d'Honfleur.

M. MAZE,

Impasse Coquenard , n. 17.

106. — Vue de la ville de Tolède , prise des bords du Tage , du côté du pont d'Alcantara.

107. — Vue prise dans les environs de la Bidassoa, près Jrum.

M. MÉNIER,

rue Baïllif, n. 10.

108. — Portrait de M. R.....

109. — Deux miniatures sous ce numéro.

M. MESLIER,

passage Sainte-Croix de la Bretonnerie , n. 5.

110.—Intérieur d'une forêt. Des braconniers s'y reposent au pied d'un chêne.

111. — Vue du village de Seyrat, en Auvergne.

M. MONANTEUIL,

rue de Sèves , n. 11.

112. — Les Marins de Dieppe.

Cette étude a été faite à Dieppe d'après deux vieux matelots surnommés *loups de mer.*

113. — Etude de la jetée de Dieppe.

114. — Pêcheuse des côtes de Dunkerque.

115.—Plusieurs études sous le même numéro.

Mlle DE MONTROT,

rue Gaudot de Moroy , n. 28.

116. — Chérubin venant chanter sa romance chez la comtesse Almaviva.

(Mariage de Figaro.)

NOISOT,

rue des Jeuneurs , n. 12.

117. — Un cadre de miniatures.

M. ODRY ,

rue du Faubourg-St-Denis ,

118. — Intérieur d'une cave du palais des Termes.

M. PAJOU fils ,

rue Saint-Dominique-Saint-Germain , n. 20.

119. — Trait héroïque d'amour filial d'Alexandre-le-Grand.

Alexandre était âgé de 17 ans , lorsque Philippe son père , ayant terminé la guerre contre les Gètes et traversant le pays des Triballes , fut sommé par les soldats Grecs à sa solde de les admettre dans le partage du butin. Un combat fut le résultat de la discussion ; Philippe lui-même fut renversé de cheval et blessé.

Alexandre, averti du danger que courait son père, le couvrit de son bouclier, tua une partie des assaillans et mit les autres en fuite.

120 . — Portrait en pied de feu Barbié-Dubocage , géographe célèbre.

M. PARMENTIER (Henry),
place Dauphine, n. 25.

121 — Vue du pont de Batigny dans la forêt de Compiègne.

122. — La forêt de Compiègne. Etude

123. — Le pont de Batigny. Etude sans soleil.

M. PEYRARD,
rue Beauregard, n. 11.

124. — Un site d'Italie.

125. — Vue prise dans les montagnes de Buget.

M. PITHOU,
rue du Faubourg-Saint-Denis , n. 65.

126. — Un voyageur racontant ses malheurs à de jeunes villageoises.

(Sujet tiré d'une chanson de Béranger.)

(25)

127. — Portrait de M. Lanté.

128. — Portraits de Mlles. Toulza.

M. PLANSON,

rue de Touraine, n. 5.

129 — La résurrection de Lazare, d'après
Dietricy.
(Lithographie.)

130. — Le Christ pleuré par les anges, d'a-
près A. Vandyck.
(Lithographie.)

M. POYET,

rue Neuve-Saint-Dénis, n. 29.

131. — Enée et Didon.

Etant à la chasse, ils sont surpris par un orage
suscité par Vénus et Junon. Le héros soutient et
entraîne dans une grotte la craintive Didon. L'a-
mour qui les guide sourit d'avance à sa victoire.
(Enéide, liv. IV.)

132. — Portrait de madame M... V...

133. — Portrait de M. R.. de P...

M. PREVOST (Constantin),

rue Sainte-Anne, n. 37.

134. — Un jeune malade donne à son père

2

malheureux, un morceau de pain dont il s'est privé.

135. — Un religieux invoque la clémence du ciel en faveur d'un condamné.

136. — Une mère priant pour la conservation des jours de son fils.

137. — Une scène d'hôtellerie.

138. — La grand' mère.

139. — Les joueurs ambulans.

140. — Un portrait.

M. RAVERAT,

rue Grange-aux-Belles, n. 6.

141. — Le jeune diacre de Messénie, expirant.

(Sujet tiré des Messéniennes de M. C. Delavigne.)

142. — L'amour adolescent.

M. REGNIER,

rue de Paradis-Poissonnière, n. 41.

143. — Une vue des ruines du château de Pierrefonds.

144. — Une papeterie en Auvergne. (Etude.)

(Ces deux tableaux appartiennent à M. Binant.)

Mlle. ROBINEAU,

rue des Marais-Saint-Germain , n. 16.

145. — Repos d'animaux sur le bord d'un lac.

(Ce tableau appartient à M. Erard.)

146. — Des vaches dans une prairie et près d'une chaumière.

147. — Des moutons dans une vallée.

(Ces deux dernières études appartiennent à l'artiste.)

M. ROGER, de Bordeaux.

148. — Un paysage, à l'aquarelle.

Mlle. DE ROUJOUX,

rue Neuve-Saint-Etienne-Estrapade , n. 13.

149. — Fleurs à l'aquarelle.

M. ROUSSAU,

rue Geoffroy-l'Asnier , n. 1.

Gaston de Foix.

150. — Duc de Némours, ayant fait des

prodiges de valeur à la bataille de Ravenne, y fut tué le 11 avril 1512, âgé de vingt-quatre ans.

On dépose ses dépouilles mortelles près des tombeaux de ses ancêtres.

Madame ROUSSEAU (née Heu),

à l'hôpital Saint-Louis, faubourg du Temple.

151. — Portrait de M. D***, docteur médecin.

152. — Portrait de madame D***, et de son fils.

153. — Portrait de M. J. C***, chirurgien.

M. RUBIO,

rue du Faubourg-Poissonnière, n. 64.

154. — Six dessins à la plume et à l'encre ordinaire, représentant différens sujets, tels que fleurs, paysages, animaux, vignettes, etc.

L'artiste qui n'a jamais appris à dessiner à consacré à cet ouvrage trois années de patience et de travail.)

Mlle C de SAINT-OMER,

rue du Cherche-Midi, n. 17.

155. — Portrait du docteur Broussais.

156. Portraits des fils du général Foy devant le buste de leur père.

M. SALMON fils,

rue de la Vieille-Draperie , n. 23.

157. — Vue prise d'après nature à la pompe à feu de Bagatelle.

M. SALMON,

Place du Marché-aux-Veaux , n. 17, à Orléans; et à Paris, rue du Haut-Moulin , n. 10.

158. — Vue prise aux bords de la Loire , environs d'Orléans.

M. SAVARY ,

rue du cimetière St-André des Arts , n. 14.

159. — Vue prise aux bords de la rivière d'Edre, près du village de Sauge.

160. — Vue des environs de Château-Gonthier, dont on aperçoit les clochers et les faubourgs.

161. — Vue des bords de la Mayenne près Laval.

162. Etude d'après nature.

Mad. SAYNCHÉ,

rue Neuve-des-petits-Champs, n. 19.

163. — La modestie couronnée de violettes.

164. — La coquetterie. Jeune fille entre l'amour et l'hymen.

M. SCHMITZ,

rue Hauteville, n. 6.

165. — Turenne, sans être connu, devint un jour juge d'une contestation qui s'éleva entre des joueurs de boule, au sujet d'un coup douteux. Celui qu'il avait condamné se fâcha et se permit des injures ; le héros allait complaisamment mesurer de nouveau, lorsqu'il fut abordé par des officiers qui trahirent son incognito.

166. — Portrait de M. Thevelin.

M. SWEBACH (Edouard),

rue du Bac, n. 100 bis.

167. — Intérieur d'une cour de campagne. Un paysan donne à boire à ses chevaux.

M. TESTÉ ,

rue de la Fosse , n. 1 , à Nantes.

168. Le conte de la grand'mère.

169. Intérieur d'un salon.

M. VANDER-BURCH ,

rue des Grés-St-Michel , n. 10.

170. — Eudore et Cymodocée.

Eudore venant de s'unir à Cymodocée la sauve de la fureur des soldats d'Hiéroclès, la dépose évanouie au pied du tombeau de Léonidas, et s'emparant des armes du héros, se prépare à se défendre.

(Paysage historique tiré des martyrs de M. de Chateaubriand.)

M. WACSMUTH.

Quai-aux-Fleurs , n. 21.

171. Le déjeuner de la petite fille.

172. Une scène de galériens.

173. — Un Turc assis.

Mad. W.... NÉE DE V....

174. — Laissez-moi-le pleurer, ma mère!
Sujet tiré de la romance de Mad. C...

> Vous avez préféré, ma mère,
> Vaine richesse à ses vertus,
> Mon avenir était prospère;
> Mais ici-bas je n'en ai plus.
> Non plus d'hymen; car cette pierre
> Renferme et mon cœur et Lysus.

TABLEAUX

NON PRÉSENTÉS AU JURY DU LOUVRE,

(Les Nos. 55, 56, 113, 114, 115, 146, 147, 172, 173 du Catalogue.)

BACKUYSEN (Vaude-Saude.)

175. — Paysage.

ENGEL, de Gand.

176. — Paysage.

STRY (J. Van.)

177. — Animaux dans une prairie.

SUPPLÉMENT.

PELLICOT,

Quai des Orfèvres , n°. 46.

178. — L'essai du chapeau.

179. — Intérieur d'une cuisine.

180. — Intérieur d'une écurie.

181. — Intérieur de l'atelier d'un tonnelier.

182. — Etude de paysage aux environs de Nemours.

CORPLET ,

rue des Ménestriers , n°. 15.

183. — Paysage. Un moine donne un chapelet à une jeune fille.